CONFÉRENCES

SUR L'ITALIE

CONFÉRENCES

SUR

L'ITALIE

SORBONNE

1896 et 1897

PAR

Le Dr A. LABAT

Ex-Président de la Société d'hydrologie de Paris
Membre des Sociétés d'hydrologie de Turin et de Madrid
Membre de la Société géologique
de la Société météorologique
et de la Société de médecine de Belgique.

PARIS

J. B. BAILLIÈRE, ÉDITEUR
19, RUE HAUTEFEUILLE, 19

—

1897

PREMIÈRE CONFÉRENCE

MARS 1896

VOYAGE EN ITALIE

1852-53

Etat politique. — A cette époque, l'Italie était divisée en royaumes, duchés et petites principautés. Depuis la grande époque romaine, elle avait eu deux fois un semblant d'unité, sous Charlemagne et Napoléon, à dix siècles d'intervalle.

En 1848, grand effort pour réaliser ce rêve d'unité, caressé par tant de poètes et de publicistes. L'armée française parut aux Alpes, mais seulement à titre d'encouragement; nous avions assez à faire chez nous. Du reste, il est à noter que nous sommes toujours travaillés au dedans, quand il faudrait se montrer au dehors.

La jeunesse des écoles s'était levée d'un mouvement généreux; Charles Albert, le roi-chevalier, avait une solide petite armée; l'enthousiasme fut à son comble, après les succès de *Custozza*, de *Roverbella*, de *Somma Campagna*. Puis, vint le désastre de Novare, la chute de Venise... tout était perdu.

Alors vint la répression : les exilés dispersés dans toute l'Europe, les prisonniers et S. Pellico gémissant sous les plombs de Venise ; les canons braqués sur la *piazzetta* ; les bombes de 1849 jonchant le jardin public, etc.

Cependant les Autrichiens poussaient jusqu'en Toscane ; les Espagnols étaient à Spolete ; les Français à Rome et à Viterbe ; Narni zone neutre. A Milan, on ne fumait plus pour frustrer la douane autrichienne ; à Pavie, les étudiants mornes et silencieux rentraient à 9 heures du soir, heure du couvre-feu. A Naples, ordonnances sévères contre la barbe, les chemises rouges et les chapeaux garibaldiens.

Société. — En dépit de la tristesse des cœurs, la société italienne se reprenait à la vie mondaine. On revenait au théâtre et quelques salons se rouvraient ; Milan et Venise qui avaient tant souffert reprenaient peu à peu leur physionomie. Les jeunes milanaises saisissaient toute occasion de parler français comme protestation anti-germanique.

A Venise, il y avait alors un noyau de société française au palais *Cavalli* autour du comte de Chambord : le duc et la duchesse de Lévis, M. de Monti, Mme de Chabannes le secondaient dans les dîners et réceptions qu'il nous offrait avec un enjouement et une grâce infinie malgré sa claudication. Au palais Vendramin habitait Marie-Caroline, duchesse de Berry, toujours en compagnie du fidèle chevalier de Saint-Marc et du comte P. Zeno. Je ne saurais oublier ces bonnes soirées.

Florence était animée par les bals de la princesse Corsini et du prince de Lichtenstein où de beaux officiers hongrois valsaient avec entrain.

A Rome, c'était bien autre chose : on n'a pas encore oublié les grands bals de l'ambassade française présidés par Mme de Rayneval, et l'entrain de nos jeunes attachés parmi lesquels mon plus vieil ami de Chaudordy. On y rencontrait le roi de Bavière, les ambassadeurs étrangers, la princesse Piombino pliant sous le poids de ces diamants (ces parures sont inaliénables dans certaines familles). Les officiers anglais en rouge, les Autrichiens en blanc, les chevaliers de Malte en rouge avec bandes blanches et noires sur la poitrine ; tout cela constituait un ensemble saisissant.

Les réceptions (*ricevimenti*) admettaient les prêtres, cardinaux à calotte rouge, évêques, monsignori. Je vois encore la figure du cardinal Antonelli, au visage si intelligent, malgré sa mâchoire matérielle.

Théâtres. — Le théâtre fut toujours une des passions italiennes ; les grandes villes en étaient bien pourvues.

En tête Milan : la *Scala* avec une scène immense, six rangs de loges munies de salons tapissés de soie ; la *Canobiana* pour les opéras et ballets (Amalia Ferrari, danseuse célèbre) ; théâtre *Re* (la Sadoschi dont la diction rappelait Rachel) ; Sainte-Radegonde, troupe française qui jouait la bataille des Dames et un duel sous Richelieu. Le théâtre royal de Turin avait aussi une troupe française. Le théâtre *Carlo-Felice* de Gênes jouait aussi *Bataglia di donne*, traduite.

Florence possédait alors plusieurs étoiles : la Santoni au théâtre *Nuovo* jouant les pièces de Goldoni si françaises d'allures ; la Ristori à *Cocomero* jouant Mirrha et Maria Stuarda qu'elle a répétées chez nous avec tant de succès. Les opéras se représentaient à la *Pergola* et au théâtre *Alfieri; Stenterello* pour le dialecte florentin.

Venise au grand théâtre de la *Fenice* réunissait la fleur de la noblesse : belles femmes aux cheveux noirs et épais, à la taille élevée, à la démarche gracieuse, pour voir danser une Française, Mlle Mermet.

Le théâtre *San Carlo* de Naples rivalisait presqu'avec la Scala ; à Palerme, c'était *San Ferdinando*, encore un duel sous Richelieu.

Dans les théâtres diurnes se jouaient également de nos pièces.

Certaines villes moins importantes possédaient dès longtemps de vastes théâtres : Pavie, Parme, Bologne, etc., théâtre olympique de Palladio, à Vicence. Toutes ces salles avaient l'inconvénient d'une capacité trop grande pour le nombre de spectateurs ; de plus, un éclairage imparfait.

Rome n'avait guère que le théâtre *Apollo*.

Fêtes. — Deux époques de fêtes, le carnaval et la semaine sainte offraient un intérêt particulier ; c'est à Rome qu'elles brillaient de tout leur éclat.

Au carnaval les balcons et les fenêtres du *Corso* se couvraient de tentures, de drapeaux et de fleurs, loués à de hauts prix par la colonie étrangère. Les voitures suivaient à la file et les piétons avec leurs petits masques. Les paysans romagnols étaient assis sur les trottoirs, parés de leurs habits de fêtes aux couleurs voyantes ; les hommes en bas de laine, culottes courtes, gilets brodés, ceintures ; les femmes en jupes de soie, souliers de satin, gros bijoux, etc.

Vers cinq heures, au coup de canon, les voitures disparaissaient pour laisser la place aux courses de chevaux libres, un paquet d'épines attaché à la queue ; ils couraient, follement excités par les cris du peuple.

Alors commençaient les batailles de fleurs, les pluies de *confetti* en plâtre, les jeux de *mocoletti*, petits flambeaux (chacun soufflant celui de son voisin), le tout se prolongeant dans la soirée avec une gaîté inaltérable, sans injures, sans rixes, car les Italiens ne s'ennivrent pas. Les dragons du Pape n'avaient point de difficulté à faire la police.

Le carnaval, à Venise, avait aussi sa réputation et, dans les bals masqués, la galanterie vénitienne se donnait un libre cours.

Il y eut, à Rome, pendant la semaine sainte, un encombrement énorme. Débarqués à C. Vecchia et arrivant le soir, nous ne trouvions que de petits appartements qu'il fallait louer pour le mois, à 300 francs. Les plus fatigués acceptèrent ; les autres couchèrent dans la voiture, nous au corps de garde. A 8 heures du matin, les prix baissaient de moitié.

Les cérémonies étaient vraiment imposantes : *Miserere*, lavage des pieds, la Cène ; les fonctions dans les chapelles et dans les basiliques, etc. Le jour de Pâques, cent mille fidèles remplissaient les nefs immenses de Saint-Pierre ; la place et la Colonnade étaient envahies ; les troupes françaises alignées, les dragons pontificaux en riches costumes ; les beaux équipages des cardinaux, etc. Le pape Pie IX, porté sous un dais, donnait sa bénédiction à cette foule recueillie et la répandait sur l'univers entier : *urbi et orbi.* Les esprits les moins religieux ne pouvaient résister aux impressions d'un pareil spectacle.

A Naples, trop de mise en scène, trop d'ornements dans les églises, trop d'images sur les autels. Je n'oublierai jamais un jour de vendredi saint où un vieux prêtre, apostrophant d'une voix émue l'image en carton de Notre-Seigneur, s'écriait : *Oggi, oggi! Caro Jesu, non mi rispondi… e morto!* L'effet sur l'auditoire fut complet : il y eut des pleurs et des sanglots.

D'autres fêtes religieuses me permirent d'étudier les exubérances du peuple napolitain.

Le pèlerinage de la *Madonna dell'arco* dure quatre à cinq jours, vu la distance. Le plus grand nombre y va pieds nus. Les voitures sont remises à neuf, les cuivres étincelants; partout des bannières, des bouquets de fleurs, de la musique, des chants et des cris tout le long de la route. Il faut trois heures pour arriver au sommet du *Monte Vergine.* Dans toutes les églises, sur la longue route de Nola, Avellino la Madonna est parée de ses plus beaux atours : écharpes de soie, diadème, bijoux ; les images des saints dans les carrefours et dans les haltes de la procession sont revêtues d'ornements.

La Fête-Dieu à Procida était particulièrement intéressante par les anciens costumes de cette population, grecque d'origine. Les femmes avaient des mouchoirs de tête bariolés flottant sur les épaules, des manteaux de satin rouge, vert ou bleu, brodés; des tabliers courts à bandes dorées. J'ai vu des habits semblables dans une fête grecque à *Arachova*, près des Thermopyles. Les femmes qui suivaient la procession s'arrêtaient de temps en temps et se jetaient à terre, criant et sanglotant.

Mêmes démonstrations à Palerme pour les fêtes de sainte Rosalie et de *san Francesco di Paolo :* images promenées sur un tabernacle; le soir, marche aux flambeaux; cris et musique criarde, etc.

La messe de minuit (Noël) avait son cachet sur la place Saint-Marc de Venise; la promenade continuait une partie de la nuit.

Hygiène. — Si nous jetons un coup d'œil général sur la péninsule, nous voyons qu'à cette époque il y avait beaucoup à faire au point de vue de la voirie et de l'hygiène.

Les grandes villes d'Italie, capitales ou anciennes capitales d'États plus ou moins importants, méritaient l'admiration des étrangers par les monuments d'un passé glorieux. La ville des papes et la ville des Médicis se présentaient pleines d'attractions, Gênes avait ses palais de marbre ; Venise ses palais, ses canaux, ses gondoles ; Naples son admirable golfe et ses montagnes fumantes ; Turin avait ses constructions régulières, Milan ses boutiques élégantes.

D'autre part, beaucoup à dire : rues en général étroites, tortueuses, sans trottoirs. Si les rues de Turin et de Milan étaient assez souvent balayées, il n'en était pas de même à Naples, où les ordures accumulées constituaient un fond inépuisable de boue ou de poussière. Là grouillait une population de débraillés, d'enfants presque nus, de femmes en haillons cuisinant et lavant leurs hardes infectes sous l'œil du passant. Vers la *via Capuana,* on ne pouvait se hasarder qu'en voiture. Un bain était chose si luxueuse qu'il se payait une piastre, 5 fr. 40. Palerme ne possédait que deux baignoires.

Rome avait un quartier assez propre, la place d'Espagne ; quelques rues assez bien, telles que le *Corso, Frattina, Condotti, Babuino, Ripetta,* etc. En temps de fête, la circulation devenait laborieuse. A la rue centrale et sinueuse de Gênes venaient se raccorder les ruelles à escaliers, sombres, fétides et encombrées de loques pendantes ; là se trouvaient les boutiques si réputées de filigranes. De hautes murailles masquaient la vue du port.

Les fièvres automnales et vernales étaient entretenues par les rizières du Piémont, les eaux stagnantes de Mantoue et de Ravenne ; les effluves des lagunes de Venise, des maremmes de Toscane, des marais Pontins et autres de la Campagne romaine. La maladie prenait un caractère plus grave à Pestum (environs de Salerne). Pendant l'été, les habitants émigraient sur les hauteurs ; il n'y restait que quelques malheureux au teint jaune, aux yeux caves, aux membres amaigris avec un ventre énorme, etc.

Hôpitaux. — Les grands établissements hospitaliers ne faisaient point défaut : à Turin, Saint-Jean ; à Milan, le grand hôpital, pour 3.000 malades ; à Florence, *Santa Maria Nucva* ; à Rome, Saint-Esprit, pour 1.500 malades. Ajoutez les grands hospices : *Albergo dei poveri,* de Gênes ; hospice Bourbon, de Naples, énorme bâtiment pour 3.000 pauvres, sans compter les hôpitaux des Universités ; à Venise, *San Giovanni* e *Paolo.*

Ces hôpitaux, encore debout aujourd'hui, sont, en général, d'anciens couvents transformés : immenses salles communiquant, souvent disposées en croix, carrelées et froides. Toutes les maladies s'y trouvaient réunies, ce qui facilitait les études. C'était l'époque des saignées largement pratiquées dans les maladies inflammatoires. Le service se faisait régulièrement dans les maisons du Nord ; moins bien à Rome, Naples, Palerme.

Eaux potables. — Les eaux potables de bonne qualité manquaient généralement dans les villes. Rome seule était largement pourvue par les anciens aqueducs romains ; la ville ayant alors moins de 200.000 âmes disposait d'au moins un mètre cube par tête. Florence s'alimentait des puits des alluvions de l'Arno ; les puits de Naples, très contaminés, amenaient la fièvre typhoïde.

La police, bien faite et parfois rigoureuse dans le Lombard-Vénitien, vexatrice aux Deux-Siciles, inquisitrice à Rome, se laissait volontiers fléchir par des offres délicatement présentées. A Venise, en dépit des lagunes et des canaux, il n'y avait presque point de vols et de meurtres.

J'ai été témoin, dans les États pontificaux et napolitains, de l'influence du clergé sur les femmes. Elles étaient d'une piété exagérée et d'une instruction presque nulle. Dans les villes du Nord, au contraire, les écoles des deux sexes étaient très suivies.

Même contraste pour la vie agricole et l'activité industrielle. L'aisance au Nord, la misère au Sud. La Campanie et la Sicile restaient fertiles par la seule exubérance de la nature. Je passe sous silence la Sardaigne, à demi barbare.

LE VOYAGE

Le voyage offrait alors des difficultés sans nombre:
premièrement le passeport qu'il fallait faire viser au
ministère des affaires étrangères et aux diverses am-
bassades ; puis aux frontières des divers Etats, à l'entrée des villes ; à Naples pour Palerme et Messine,
ce qui n'empêchait pas de recommencer en Sicile ;
du reste, nos consuls donnaient l'exemple de la fis-
calité, je n'en veux pour témoin que mon passeport
couvert d'une centaine de visas.

Les douanes piémontaises et autrichiennes y met-
taient quelque pudeur ; les autres, féroces, se mul-
tipliaient à l'envi aux villes frontières et à la porte
des villes. Au débarcadère de C. Vecchia assaut des
bateliers, des *facchini*, des douaniers ; de même à
l'entrée de la Toscane, des Etats romains et napolitains ; les plombages des malles ne servaient à rien
et, sans la pièce magique vos effets étaient détournés
de fond en comble ; pour les livres cela devenait du
vandalisme.

Les lettres de crédit comportaient des commissions
élevées ; sans compter les pertes du change et encore
sur les billets de banque provinciaux etc.

Les monnaies variaient à chaque frontière. Après
la livre du Piémont, assez commode, venait le
swanziger d'Autriche à 0,85. En Toscane le *fran-
cescone* 5,60, le *paolo* 0,55, les *grazié* 6,7 centimes,
on comptait aussi en sequins de 12 francs, monnaie
nominale. A Rome *scudi*, 5,30, *paoli*, *baiocchi*. A
Naples piastres 5,40, carlins 0,50 ; comptes en du-

tats nominaux de 4 francs. En Sicile tarins de 0,40. Une bonne partie du temps se passait en calculs.

Moyens de transport. — Les chemins de fer étaient à leur enfance ; quelques tronçons de Vérone à Venise, de Livourne à Florence, de Naples à Capoue et à Castellamare.

Les bateaux à vapeur français et italiens faisaient les escales de la Méditerranée ; les autrichiens partaient de l'Adriatique. La visite de la Sicile ne pouvait se faire que par mer. Les services des lacs italiens n'étaient pas nombreux comme aujourd'hui.

Les diligences étaient mal organisées : j'ai le souvenir d'avoir beaucoup souffert du froid dans la voiture du mont Cenis, 6 septembre ; dans le trajet de nuit de Padoue à Bologne où, par un épais brouillard, il fallut passer le Pô dans le bac de Ferrare. Je ne parle pas de la diligence de *Caltanisetta* en Sicile, souvent arrêtée et dévalisée. Ceux qui pouvaient payer voyageaient en poste.

Les voiturins étaient la grande ressource pour bien voir le pays à petites journées. Ils signaient avec vous un traité et donnaient des arrhes en garantie. Logement et nourriture à forfait, 8 à 10 francs par jour. Les voitures avaient un intérieur à 4 ou 5 places et une banquette ; deux ou trois chevaux, suivant la route. Nous fîmes ainsi plusieurs voyages.

De Florence à Rome. — Par Arezzo, Pérouse, Foligno, Spolète : c'est en premier lieu la riche vallée de l'Arno et ses bois d'oliviers ; dominée, à gauche par les Apennins neigeux (fin janvier) ; puis Arezzo et Cortone sur les hauteurs, Arezzo patrie de Pétrarque, de l'Aretin, de Vasari. Plus loin les bords mélancoliques du lac Trasimène ; la rude

montée de Pérouse où il fallait des bœufs de renfort,
L'hôtel hospitalier de la Grande-Bretagne vous donnait dîner et chambre à feu pour 7 paoli (3 fr. 50). A
Foligno s'ouvrait la plaine du Tibre ; puis les montagnes ravinées de Spolète, la fameuse cascade de
Terni, les rochers de Narni ; enfin la campagne
romaine, Cività Castellana occupée par une garnison
française.

N'oublions point notre coucher à *Canoscia* : couchés
de bonne heure après souper, nous sommes réveillés
par un grand bruit et les cloisons s'ébranlent au son
de la musique ; notre hôte mariait une fille. C'était
un solide gaillard qui avait servi sous Napoléon, et
ses six filles étaient bien plantées comme nos auver-
gnates ; la nièce Madalena était un joli type de la
Sabine. Toute la nuit les danses du pays allèrent
leur train : la *manfrina*, la *vita d'oro* où l'on embrasse
sa danseuse où l'on se jette à ses pieds en s'écriant :
mi hanno rubato il cuore ; la valse aux *mocoletti*, etc.

De Rome à Naples. — Par les marais Pontins,
trois journées, prix à forfait pour 3 personnes, 30,
écus (150 francs), tout compris. En cette occasion
le voiturin nous joua un tour de sa façon : au moment de partir, les bagages chargés à l'avance, je
m'aperçois que le fond de la voiture est occupé par
un couple britannique, un *clergyman* et sa moitié.
Je rougis de colère, je lui adresse en anglais ce que
je trouve de plus désagréable dans mon répertoire,
j'agonise le cocher qui rejette la faute sur son patron ;
je convoque un policier qui m'objecte que cela se fait
souvent et que, pour régler cette affaire, il faudrait
2 ou 3 jours. Force fut donc de partir et la paix se
fit bientôt, tant la femme du clergyman était bonne

et douce. Notre premier déjeuner à l'hôtel de la Poste d'Albano fut même assez gai, et nous couchâmes à *Cisterna* devenus bons amis.

Le second jour nous traversions les marais Pontins, admirant les canaux d'irrigation, les chevaux et les buffles errants, les forêts en rideau sur les bords de la mer ; à Terracine finissait la région des fièvres. Plus loin la douane de Fondi, où il fallut donner 1 franc par malle, les monts Cécubes, la vue ravissante de Gaète séjour d'été des rois de Naples. De Mola à Capoue les monts Massiques (sans y retrouver le vin d'Horace) et les marais de Minturnes où grelotait Marius : que de souvenirs classiques !

Dans les auberges chambres grandes, nues et froides, assez bons lits. La cuisine était médiocre œufs assez frais volailles maigres ; vins de Toscane, *Monte-Pulciano* trop doux ; à Spolète vin d'*Orvieto*

Les *Carretini*, mauvais petits véhicules cahotants, se louaient pour les mauvaises routes ; traînés par des rosses que l'on conduisait soi-même à coups de de fouet répétés. Nous avons fait ainsi une excursion de plusieurs jours dans le vieux Latium avec les jeunes attachés de l'ambassade, gais compagnons s'il en fut jamais ; Ardée l'ancienne capitale de Turnus nous logea dans une misérable auberge. De là, visite à *Pratica*, ancienne *Lavinium* ; à *Lorenzo* où les statues antiques sortaient des fouilles. Là s'est perpétué l'ancien usage d'attacher le bras du voyageur et de le tenir ainsi jusqu'à ce qu'il ait donné quelque menue monnaie. Meilleur gîte à Nettuno, dans une vieille tour qui servait d'auberge et que battaient les vagues de la mer. Le soir une procession aux flambeaux ; le costume des femmes était élégant ;

mouchoir de tête en auvent, caraco rouge brodé, jupons de couleur ; châles à rayures, souliers de satin blanc, bijoux massifs, oripeaux et le reste. De Porto d'Anzio à Nettuno on s'engage dans l'ancienne forêt de Virgile où les chênes verts croissen sur un terrain sableux.

Pour visiter les environs on trouvait dans les grandes villes, même à Naples et en Sicile, de bons landaus bien attelés. Ainsi se faisaient de Rome les excursions de Frascati et de Tivoli, de Naples celles des champs phlégréens, de Pompéï, de Salerne à Pestum ; de Palerme à Montreale; de Messine à Syracuse.

Les voitures de place des villes du Nord étaient bonnes en général. Naples se distinguait par la variété plutôt que par la proprété des fiacres. Il y avait les *Carozze* à 2 chevaux ; le *Carocello* à 1 cheval (course 1 carlin) ; le *Corricolo* avec un petit siège à 2 places ; le *Calesso* non suspendu ; enfin les *Carretini* chars à banc, étroits. Ornements de cuivre clochettes, panaches et mauvais harnais de corde.

Les chevaux étaient mal nourris de pois chiches et de paquets d'herbes ; et cependant ils marchaient, il est vrai que les pauvres bêtes étaient piquées sur des plaies saignantes. Les courses si bon marché se faisaient souvent à moitié prix, 25 centimes. Les jours de fête plus de prix fixe ; les Napolitains n'y regardaient pas ; il est vrai qu'ils s'entassaient jusque sur les brancards.

Les cochers, vrais Lazzaroni, se plaignaient toujours, ne rendaient pas exactement la monnaie et jouaient aux clients des tours variés : substitution, enpleine route de voitures délabrées et de cochers déguenillés ; disparition, en cas d'arrêt, de façon à prolonger la durée, etc.

Les gondoles de Venise remplaçaient tous les véhicules. Elles se payaient alors 3 francs par jour et le gondolier vous servait de valet de chambre.

On trouvait facilement des chevaux pour parcourir les environs des villes ; des mulets et des ânes pour les chemins de montagne. De longues promenades à cheval autour de la vaste enceinte de Rome, au milieu des aqueducs et des ruines pouvaient seules faire connaître cette campagne triste et silencieuse. La plaine est toute coupée de monticules et de ravins ; elle était peu habitée, peu cultivée et parcourue par des troupeaux de bœufs aux grandes cornes et de chevaux que des fermiers à cheval poussaient devant eux, armés de leur grande lance. Dans les huttes les paysans préparaient des fromages peu ragoûtants (*Pegorino*).

Ces excursions me permirent de causer avec les travailleurs de terre ; ils venaient de Spolète, gagnaient 0,75 par jour et trouvaient à coucher pour un sou. C'était à quelques kilomètres du *Ponte Molle*. Le médecin faisait ses visites et ses saignées pour un paolo, 0 fr. 55.

Les mulets rendaient de grands services dans les chemins rocailleux des Apennins plus mauvais que ceux des Alpes, j'ai conservé le souvenir de quelques-unes de ces expéditions.

De Rome à Naples. — Toujours en compagnie de la jeune ambassade française. Les mulets se prenaient à Subiaco, entrée de la montagne. Nous traversâmes *Cervara* véritable nid d'aigle où l'on arrive par des escaliers dégradés ; nous vîmes les murs cyclopéens d'*Alatri* où j'eus la curiosité de mesurer un linteau de porte de 5 mètres sur 2 m. 50; les grottes de *Collepardo* s'illuminèrent en notre honneur. Après *Veroli,* autre ville ancienne, descente dans la plaine de Frosinone, puis *Isola* et *Sora* où les Carretini Napolitains nous transportèrent à San-Germano (montée au mont Cassin. J'y trouvai 500 prêtres logés à la fois, les choses ont bien changé.

Il fallait coucher dans les couvents de Chartreux, les Chartreuses échelonnées le long des Apennins étaient presque l'unique ressource : bons lits, propreté des appartements, aliments sains, viande prohibée. La réception fut excellente et cordiale à *Trisulti,* l'une des plus belles Chartreuses. Notre meilleur déjeuner fut à la papeterie d'*Isola*, déjeuner offert par notre compatriote Lefèvre.

De Naples à Salerne. — Les mulets vous prenaient à Castellamare : montée pénible à travers les bois châtaigniers; descente dangereuse par des escaliers à moitié démolis où les bêtes s'abattaient, mais du haut du col, vue magique sur les deux golfes. En bas apparaissait Amalfi et ses ravins, ville bien déchue de son antique grandeur. L'hôtel des Capucins nous donna un déjeuner passable avec le macaroni classique, les Napolitains le mangeaient à la gamelle.

Nous allâmes aussi à Bénévent, en prenant des mulets à Nola, c'était la fête de la *Madonna dell'Arco* dont il a été question. Les muletiers napolitains qui paraissent assez indolents s'animent tout à coup en lançant leurs bêtes, les suivent s'accrochant à la queue et fournissent une course effrénée;

c'est l'énergie des montagnards méridionaux dont j'ai vu des exemples étonnants chez les Siciliens, les Andalous et les Arabes.

En Sicile. — Le voyage de l'intérieur de la Sicile s'opérait également à cheval et à mulets; mais comme le brigandage n'avait pas cessé, il était prudent de se faire accompagner par des gendarmes (dix francs par jour homme et cheval. Ces gendarmes étaient bien montés et bien armés. Ce qui valait encore mieux, ils connaissaient les brigands et s'attablaient avec eux dans les auberges. Un matin, nous prenions notre repas avec deux Anglaises intrépides chevauchant comme nous, nos gendarmes déjeunaient gaiement au bout de la salle en compagnie de gaillards au teint bronzé et qui partirent, leurs fusils en bandouillère. « *Chi sono questi*, demandai-je. — *Sono signori banditi*, me répondit mon homme et il ajouta *non aver paura, buona gente, buona gente*. Les Anglaises frémissaient d'indignation.

Ces excursions me permirent des observations intéressantes : à la *Piana de' Greci* route de Parco, dans une vallée solitaire cachée par un cercle de montagnes, vit une colonie grecque de 5 à 6000 âmes, occupant plusieurs villages et se protégeant elle-même au moyen d'une garde locale de 120 volontaires : le gouvernement n'y avait que quatre gendarmes. Le *Capo della Guardia urbana* nous reçut le soir dans la salle de conversation et fit tirer, en notre honneur, force coups de fusil accompagnés de cloches, tambours, cris et chants monotones à la façon des Arabes; on s'agenouillait pour la bénédiction du soir.

Mêmes réceptions à *Galatafimi*, à *Alcamo*, etc.

Le soir les hommes étaient drapés dans leurs bur-
nouss bruns, les femmes enveloppées d'une cape
blanche; tous graves et silencieux jusqu'au moment
de la fusillade et des démonstrations bruyantes. Il y
avait quelques beaux types des deux sexes : taille
élevée, figures longues et expressives, dents blanches et grands yeux, belles chevelures noires des
femmes.

Les chambres de ces auberges laissaient à désirer :
la cuisine était à l'huile rance ; le macaroni se man-
geait avec les doigts dans un grand plat commun ;
mais on était jeune et fasciné par les grands yeux
noirs des Siciliennes. Ce sont là des soirées que l'on
ne peut oublier. *Castrel Vetrano* était l'étape pour
Selinonte. La tournée de *Girgenti* était longue et
pénible.

Hôtels-Restaurants. — Nous citerons pour
terminer quelques hôtels et cafés-restaurants de
l'époque : à Turin l'hôtel Feder méritait sa réputation, cafés bien tenus sous les arcades. A Gênes,
l'*Albergo d'Italia* à six étages, grands escaliers de
marbre, le café *Concordia*. A Milan, l'hôtel de la
ville, restaurant *Canetta Cova* (cuisine fine), le
café *San-Carlo* (côtelettes à la Milanaise); à Vérone, l'hôtel du *Gran Parigi*; à Padoue *Stella d'Ora*,
grand café *Pedrouchi* semblable à une nef d'église.
Venise avait l'hôtel *Danieli* élégant, la *Luna* pour les
petites bourses. Au restaurant *Quadri* bon poisson
(*branchino*), vin de *Conegliano* et cailles rondelettes;
le café Florian éblouissant de glaces et de dorures.
A Florence, hôtel du Nord, café Doney, restaurants
à bon marché de la *Luna* et *Aquila d'Ora*; vins de
Monte *Pulciano*, Monte *Porcio*, *Prengiano*, etc. Rome

avait l'hôtel de la Minerve, où descendaient les Français ; les petits restaurants de la *Lepre* et du *Bertini* dans le genre de l'ancien quartier Latin ; *Correlli* plus soigné où se rencontraient quelques attachés d'ambassade. Naples possédait *Vittoria*, premier ordre (dîner une piastre, feu une piastre, bougie 4 carlins) et mêmes prix aujourd'hui. Au café de l'Europe, glaces renommées, granit à dix centimes.

En somme, il y avait peu de confortable, mais la vie matérielle était à bon marché. Le voyage lui-même était long et coûteux, par contre le touriste voyait bien et pénétrait dans la vie intime de la nation. Cette époque est déjà loin de nous et les Italiens eux-mêmes l'ont oubliée. Quant à moi je ne l'oublie point tant elle m'a laissé de souvenirs. Si le tableau de la vie italienne que je viens de tracer est incomplet, il a du moins le petit mérite d'être peint avec les couleurs de l'observation réelle.

Pour l'étude des thermes anciens, consulter : thomas juncta, *de balneis antiquis* et l'ouvrage publié à Venise en 1553 ; *debalneis apud gracos latinos et arabas.*

VOYAGE EN ITALIE

1894

Dans une conférence de l'an dernier, nous avons esquissé l'état de l'Italie en 1852-53, et nous avons fait connaître la façon dont on y voyageait à cette époque. Notre but, aujourd'hui, en vous parlant d'un voyage récent, 1894, est de vous exposer les changements qui ont eu lieu et la manière dont on voyage actuellement.

Il serait matériellement impossible, dans une seule séance, d'énumérer tous les progrès accomplis et de renseigner le touriste sur toutes les ressources nouvelles mises à sa disposition pour visiter la Péninsule. Il faudrait parler de l'armée nouvelle et de la marine, des chasseurs alpins, des cuirassés ; viendraient ensuite les questions financières, l'état de l'agriculture, du commerce, des industries nouvelles. Ces points, dont quelques-uns sont délicats à traiter, demandent une compétence spéciale. Ce que sont devenus les beaux-arts et les lettres nous devrions aussi le dire. Des matériaux si divers rempliraient un programme trop ambitieux et inexécutable dans un seul entretien.

Cela posé, nous toucherons seulement quelques points de ce canevas trop étendu, réservant les développements pour les progrès de l'hygiène, objet de nos études spéciales et pour les détails du voyage actuel. Il y aura ainsi comparaison et opposition entre les deux époques, 1852-53 et 1894. Un coup d'œil rapide sur le congrès médical et scientifique formera le complément de cette conférence; vous jugerez des progrès accomplis.

Voyages antérieurs. — Avant d'entrer en matière, je dirai quelques mots de voyages intermédiaires aux deux époques.

En janvier 1870, tournée de quelques semaines dans le nord : la diligence partait de Mentone et faisait, de nuit, le trajet de la Corniche; heureusement la nuit fut douce et la lune répandit ses clartés sur la mer et sur les forêts d'oliviers. De Gênes cinq heures de chemin de fer jusqu'à Parme en traversant les Apennins, la transition de température fût très brusque : le printemps sur la Corniche, l'hiver dans toute sa rigueur à Alexandrie; la neige, les rivières charriant des glaçons dans la plaine du Pô. A Parme, j'allai revoir les Corrèges dans la salle glaciale de l'Académie. Le soir, à l'hôtel *Concordia*, j'eus la bonne chance de me rencontrer avec les jeunes officiers de cavalerie; ils parlèrent de Magenta et de Solférino; mais, ils rêvaient de Rome capitale.

Dans cette tournée, il me fut aisé de constater l'activité commerciale de Gênes et de Savone; les travaux importants du port de Spezia, les nouvelles constructions de Florence, *lungo l'Arno,* etc.

En septembre 1873, autre voyage dans le nord : Venise avait peu changé depuis son annexion à l'Italie. Milan avait sa galerie Victor-Emmanuel, le premier de ces immenses passages créés depuis dans les autres grandes villes. Le jour de notre arrivée, il y avait grande illumination de la galerie et de la Scala *al giorno;* cela en l'honneur du prince de Prusse... La place du Dôme commençait à se dégager; le nouveau théâtre *dal Verme* déployait ses élégances, les équipages luxueux s'étalaient au jardin public. Déjà les hôtels de Milan et Cavour présentaient le confort moderne. Milan prenait de plus en plus les allures de grande ville.

Centenaire de Michel-Ange. — En septembre 1875, j'eus la bonne fortune d'assister aux fêtes de Florence, centenaire de Michel-Ange. L'inauguration du congrès des architectes et artistes eut lieu dans la grande salle du Sénat ; puis l'*Academia della Crusca.* L'exposition d'agriculture et d'horticulture se tenait aux Cascines.

Les fêtes se succédèrent durant plusieurs jours : visite au palais *Buonarotti,* qui appartenait encore à la famille de Michel-Ange et où l'on nous montra ses anciens meubles, son épée, son collier rapporté de Terre sainte, etc. Réceptions aux vieux palais *Peruzzi, Riccardi* ; grand bal à la Casa Borghèse. Enfin, la fête de nuit à la nouvelle promenade *viale dei Colli* dont la place Michel-Ange est le centre et d'où se déroule le panorama merveilleux de Florence, de Fiesole et des Apennins. Tout était illuminé, et, par une nuit sereine, le spectacle était féérique.

Un souper intime où Mme Peruzzi, femme du président du conseil, voulut bien m'admettre fut, pour moi, l'occasion de conversations intéressantes, placé que j'étais entre le ministre des travaux publics Spaventa et le sénateur *marchese* Garzoni. Il fut question de l'ère nouvelle pour l'Italie, du suffrage étendu aux capacités et du cens abaissé à 20 livres; du relèvement financier, la rente, à 75 francs, montait. Les dépenses pour l'armée et la marine étaient raisonnables. Les progrès agricoles étaient notables; preuve les gros bœufs blancs de l'exposition et les vins de la contrée mieux préparés, vendus à un prix rémunérateurs (nous en recevions beaucoup alors).

Les théâtres *Pagliano, Umbertino Nazionale* donnaient des représentations; Theresa Stolz chantait la messe de Verdi. Les quais de l'Arno voyaient s'élever de nouveaux hôtels; le restaurant français Doney servait une bonne table et de bon vin de *Monte Pulciano.*

Villes d'Eaux. — A ce moment, je passai quelques semaines dans les bains de Toscane, Monte Catini, Lucques, *St Giuliano* et *Casciana*, déjà très bien installés grâce aux grands ducs de Toscane qui y avaient édifié, au siècle dernier, de beaux établissements; grâce aux belles plantations de platanes d'Élisa Bacciochi. A Lucques je passai deux semaines en compagnie du Dr Ceccarrelli, médecin du pape, lequel m'apprit que l'esprit religieux était encore vivace chez les Romains.

Cette même saison je visitai les bains du nord

Abano Battaglia, Recoaro, Acqui, en progrès,
moins élégants toutefois que ceux de Toscane,
Recoaro eut cette année près de huit mille visiteurs.
Les bains du centre et du sud n'avaient qu'une
installation incomplète.

COUP D'ŒIL SUR L'ITALIE ACTUELLE

Nous arrivons au voyage de 1894, c'est-à-dire à
l'état actuel, sujet de notre entretien.

Disons, tout d'abord, que l'Italie a bien changé
entre les deux périodes où nous l'avons étudiée.
Si elle a perdu de son originalité première, elle a
réalisé d'immenses progrès, ce qui sera démontré
tout à l'heure. L'unité est un fait accompli et Rome
est la clef de voûte du nouvel édifice, lequel, sans
cette clef, ne tarderait pas à crouler ; vous ne verrez
plus, aujourd'hui, une diversité aussi accusée
entre les différentes populations : le Piémontais est
laborieux, discipliné ; le Vénitien indolent ; le
Toscan plus amoureux des arts que des combats ;
le Romain grave et lent au progrès ; le Napolitain
ami de la mascarade ; le Sicilien peu respectueux du
bien d'autrui ; mais tous se pénètrent du sentiment
de la patrie italienne.

Les fêtes n'ont plus le même entrain : le carnaval
conserve ses droits, ses batailles de fleurs et de
confetti ; mais, ce n'est plus le même concours du
peuple des campagnes, la même ardeur, je dirais la
même conviction. Les fêtes de la semaine sainte, à
Rome, passent presque inaperçues et le pape est
toujours cloîtré dans le Vatican ; notre ambassade

papale est réléguée dans un coin du palais Rospigliosi.

Il y aurait beaucoup à dire sur un sujet qui prête aux réflexions philosophiques : les innovations brusques, chez les peuples, ne les conduisent pas toujours au bonheur et à la joie. Ceux qui sont montés sur les épaules de leurs voisins se plaignent, voulant s'élever encore ; ceux que l'on a piétinés voient les choses sous des couleurs sombres et les épanchements sont un peu artificiels, parce que les cœurs ne s'ouvrent pas. Peut-être le temps, qui est le grand modérateur, arrangera-t-il les choses.

Galeries. Antiquités. — Les monuments antiques, les statues grecques, les galeries de tableaux sont toujours là, sujet d'éternel ravissement pour les natures d'élite qui ont le culte du passé et du beau. Quelques modifications à signaler telles que la réunion des galeries *Durazzo* et *Pallavicini* à Gênes ; des galeries du palais et de la villa Borghese à Rome ; le déplacement de certains tableaux et la disparition d'autres passés à l'étranger ; la détérioration progressive des vieilles fresques, par exemple de la *Cène* à Milan, d'*Ocagna* et de *Fra Angelico* à Florence, de quelques peintures pompéiennes, etc.

Aujourd'hui les antiquités et les tableaux vous sont montrés par des guides officiels proprement vêtus, très polis ; rétribution fixe. Les ciceroni officieux sont encore là, moins nombreux, moins insupportables, car presque toujours il est possible de s'en passer.

Des fouilles nouvelles ont mis au jour des antiquités ensevelies. — Le musée de Bologne possède

des tombeaux étrusques d'une construction origi-
nale (cailloux et ciment) laissant voir des squelettes
dont quelques-uns approchent de deux mètres de
long; c'est une taille exceptionnelle et qui se
retrouve encore de nos jours. Les bronzes et usten-
siles de la fonderie ombrienne 1877, sont d'un travail
remarquable. — D'autres tombeaux étrusques ont
été mis au jour à *Chiusi*, à *Volterra* à *Cære*. Les
tombes les plus vastes, nouvellement ouvertes, se
voient à la montagne de *Corneto* environs de Civita-
Vecchia.

Le Palatin de Rome a changé d'aspect depuis
les déblaiements de P. Rosa commencés en 1860,
après l'acquisition des jardins Farnèse, par Napoléon III. Une tranchée énorme, pratiquée sur le
côté qui regarde le Forum, d'autres en face du
Capitole ont dégagé les vieilles murailles du
pourtour, les galeries et les énormes voûtes du
palais de Caligula. Une vaste excavation permet
de descendre aux appartements de Tibère et
d'admirer de jolies fresques pompéiennes. — Les
souterrains du Colysée sont enfin ouverts; com-
ment ne les a-t-on pas découverts plus tôt con-
naissant ceux de Capoue? Le Forum est aujour-
d'hui entouré d'une balustrade. — Les thermes
de Caracalla sont également clôturés et l'ordre
est rétabli dans ces ruines chaotiques. — Le
petit musée des thermes de Dioclétien s'est enrichi des statues d'athlètes en bronze de la bonne
époque et de statues en marbre plus ou moins muti-
lées, mais portant le cachet du ciseau grec. — Le
musée *Kircher* du collège romain s'est enrichi des
fouilles de Palestrine : tombeaux, armes, vases très

purs de forme ; bronzes et bijoux finement travaillés, etc.

Herculanum et Pompéi se visitent sous la conduite de guides employés de l'État, très affables et très au courant. Je conseillerais néanmoins aux personnes désireuses d'une visite complète de prendre un guide spécial. Beaucoup de choses nouvelles : à l'entrée les moulages en plâtre des squelettes d'hommes et d'animaux, gladiateurs avec leur ceinture ; les cendres agglutinées avaient conservé les empreintes. Les fouilles ayant continué depuis 1860 et 70, de nouvelles maisons ont vu la lumière, quelques-unes très complètes avec de plus vastes pièces. En 1892, j'assistais au travail de dégagement ; rien de plus saisissant que de voir apparaître les feuilles d'acanthe des chapiteaux, les cannelures des colonnes, les fresques d'un vif coloris comme au jour de l'ensevelissement. Les thermes du Forum étaient déjà un précieux spécimen de la balnéation antique. Les thermes de Stabies, déblayés en 1860, sont plus grands, possèdent un beau portique et les diverses pièces classiques du bain romain. Autres thermes plus petits près la *porta Nola*.

L'ancien hôtel Diomède existe toujours à la porte de Pompéi ; il fournit toujours chevaux et mulets pour le Vésuve, jusqu'au pied du cône. Le funiculaire de Cook est plus commode en ce sens qu'il évite environ 400 mètres de montée très raide et qui ne peut se faire qu'à pied. Il est vrai que la route en break jusqu'au funiculaire prend près de quatre heures depuis Naples. D'autre part, route pittoresque à travers les coulées de la lave et les vignobles du *Lacryma-Chisti*; visite de l'Observatoire.

En avril 1894 il y avait une éruption continue, des jets de vapeur, de fumée et de gaz qui prenaient à la gorge ; des pluies de lapilli et même de petites bombes que j'ai vues tomber à mes pieds.

Collections. — Parallèlement aux musées artistiques, les collections d'histoire naturelle se sont enrichies. Mon attention s'est plus spécialement fixée sur la partie géologique dont le sol italien fournit des échantillons si variés. L'ordre n'y est pas encore complet. Je signalerai le musée du palais Carignan à Turin, sous la direction du professeur Parona ; il possède un énorme mastodonte. Le musée de l'Université de Bologne est riche en fossiles, on doit beaucoup au professeur Cappellini. A l'Université de Rome, c'est le professeur de Portis. Le musée de Naples sous l'administration de Scacchi est le plus riche en roches et minéraux volcaniques, dont il a fourni les grands musées de l'Europe.

Il suffit d'ajouter quelques noms tels que Omboni, Stoppani, Brocchi pour montrer le rang occupé par les géologues italiens.

Progrès des villes. — Les grandes villes se sont embellies et assainies par l'ouverture de larges voies et de boulevards donnant à l'air un libre accès. Il semble que les idées de l'ancien préfet de Paris, Haussmann aient inspiré les architectes italiens. Nombre de petites rues étroites et tortueuses ont disparu et de larges trottoirs ont rassuré les piétons. Quoi qu'il en soit, une réserve s'impose au sujet des trottoirs ; en Italie, ils ne sont pas toujours possibles dans les rues bordées de vieux palais ou de monuments publics anciens; les dé-

molir pour l'alignement serait un affreux vandalisme digne de quelque municipalité aveugle et
grossière.

Venise a quelques constructions nouvelles vers
la gare et le jardin public ; la ville des lagunes et
des pilotis ne pouvait pas beaucoup se remanier et
s'agrandir. Elle reste belle et le sera toujours. —
Turin la ville aux arcades, aux places régulières,
aux statues, n'a pas changé de physionomie :
nouveaux boulevards. *Corso Victor-Emmanuel,
Margherita, M. d'Azeglio* ; promenade Valentin em-
bellie, etc. — Milan a beaucoup gagné par l'ouverture complète de la place du Dôme, où les
nouvelles galeries abritent des boutiques toutes
parisiennes d'aspect. La *via Dante*, s'ouvre dans
un quartier neuf.

Gênes riche et prospère a pu exécuter une trans-
formation complète, dont elle avait bon besoin. Il
n'y avait primitivement qu'une longue voie trans-
versale, très sinueuse, souvent rétrécie, souvent sans
trottoirs, changeant plusieurs fois de nom, allant de
la gare à la place *dei Ferrari*, telle elle est aujourd'hui,
devenue dangereuse depuis les tramways ; heureusement la *via Roma* et la *via Assaroti* conduisent à un
grand quartier nouveau sur les hauteurs, quartier
qu'il ne faut pas manquer de voir en faisant le tour
de circonvallation. Depuis l'exposition, nouveau
quartier de l'est, on pourrait dire ville nouvelle.
L'ancien port est débarrassé de ses murailles et le
nouveau port est dû à la munificence des Galliera.

Nous avons dit un mot de la belle promenade
Viale dei colli sur les hauteurs sud de Florence. Au
nord et tout autour de la partie ancienne, depuis les

Cascines, les grandes places et les larges rues se sont alignées ; au centre *via* Cavour et *via nazionale*.

A Rome, où la population a doublé depuis qu'elle est capitale, il a fallu construire de tous côtés ; la place ne manquait pas dans l'immense périmètre : à l'ouest entre le Vatican et le Tibre ; à l'est autour de la gare ; au sud par delà le Colisée et jusqu'en face du Transtevere ; néanmoins les emplacements abondent encore. Parmi les grandes voies nouvelles *via Quirinale* et *venti Settembre, Nazionale, Merulana* ; *via Cavour, Corso V. Emmanuele* et autres. Ce ne sont plus les petits trottoirs du Corso, mais des promenoirs larges et commodes, bordés de palais ou de maisons luxueuses ne trouvant pas toujours preneurs, le nombre des belles maisons ayant anticipé sur les besoins. Il est à remarquer qu'il n'y a pas un arbre dans ces grands boulevards, tant les Romains craignent l'ombre. Quelques maigres plantations s'alignent sur le nouveau boulevard de *Porta Salaria* au *Ponte Molle* Par contre, les grandes villas extérieures, Borghèse, Torlonia, Doria ont les plus beaux ombrages qu'on puisse rêver. Est-ce l'idée aristocratique qui a favorisé cette végétation puissante ? Vous connaissez le culte des grands seigneurs anglais pour les vieux arbres.

Le besoin de quartiers neufs était plus impérieux à Naples où il n'y avait autrefois que deux rues acceptables Chiaja et Toléde. Maintenant il y a partout des maisons neuves, vers la gare, sur les hauteurs du *Vomero*, de *Capo di monte* ; au-dessus du quai de *Chiaja*. Le *Corso V. Emmanuele*, dominant les basses rues, s'étend du musée à *Mergellina*. Naples comme Milan et Gênes possède deux grandes galeries vitrées

Humberto et *Principe di Napoli* où une foule énorme trouve promenade et abri.

Eaux potables. — Les eaux potables ont été amenées dans les grands centres : Rome a ses anciens aqueducs de la Sabine qui lui fournissent de 2 à 300.000 mètres cubes d'eau par jour, tandis que sous les empereurs le débit dépassait 1,500,000 ; la population était alors quatre fois plus considérable. Partout sur les places jaillissent de belles gerbes : l'*Acqua felice* et l'*Acqua vergine* alimentent les fontaines monumentales *dei Termini* et de *Trévi* ; l'eau du lac *Bracciano*, la fontaine de l'*Acquæ Paola* sur le Janicule où est la nouvelle promenade *Margherita*.

La *Serina* arrive à Naples de la montagne, trajet de 50 kilomètres par des aqueducs dignes de l'ancien temps. Les réservoirs de Capo di Monte emmagasinent plus de 100.000 mètres cubes. Le tuf était facile à creuser, en même temps assez étanche pour ménager la maçonnerie. Cette structure du tuf a permis de pousser les galeries souterraines jusqu'au delà du Pansilippe, pour conduire au loin les eaux vannes.

L'eau de Sienne est encore fournie par l'eau de pluie qui s'infiltre à travers le tuf et qui se rassemble dans les aqueducs appelés *bottoni*.

Ces amenées de nappes d'eau abondantes et saines n'ont pas peu contribué à l'amélioration de l'état sanitaire. Fazio, très compétent en la matière, me disait combien la fièvre typhoïde avait diminué à Naples où elle sévissait presqu'endémiquement au temps des puits. J'avoue qu'il y a encore à faire pour la propreté des quais et des rues.

Pagliani, *direttore della sanità publica*, qui fut si aimable pour nous au congrès, faisait remarquer la

grande diminution et la bénignité des fièvres palu-
déennes à Rome, depuis l'ouverture des grandes ar-
tères, et le meilleur entretien du sol. Les environs
sont encore visités par la *malaria*, par exemple à
l'établissement d'*Acque Albule* si fréquenté pour ses
belles eaux sulfureuses, mais où il serait malsain de
dormir. C'est aussi le défaut des stations de *Vicarello*,
de Viterbe, etc.

Si les fièvres règnent encore le long de la côte
depuis Livourne, nous devons mentionner les ré-
centes conquêtes faites par la culture sur les maremmes de Toscane. Beaucoup à faire dans le dis-
trict de *Grossetto*; les ingénieurs travaillent au
drainage. Le séjour, me disaient-ils, est peu récréa-
tif. L'assainissement des marais pontins se poursuit
commencé par les papes, il demande un long
temps.

Hôpitaux. — Les vieux hôpitaux dont nous
parlions l'an passé sont encore debout; plusieurs
possèdent des annexes pour les laboratoires nouveaux. Les établissements de création récente se
distinguent par le luxe des constructions. En même
temps se sont édifiées des universités nouvelles
d'un aspect moins original que les anciennes, mais
au courant de la science moderne de plus en plus
exigeante.

Je citerai, en premier lieu, le nouvel hôpital de
Turin. En bon air loin du centre; façade monumen-
tale, large galerie circulaire et pavillons séparés par
des jardins; dans chaque pavillon salle double de
20 lits; chauffage et ventilation ménagée. Pour 300 à
400 malades. Au voisinage laboratoires de la nouvelle université, pavillons élégants et cours inté-

rieures ; luxe d'instruments, quelques-uns perfec-
tionnés de *Mosso*.

L'hôpital *Galliera* de Gênes surpasse en élégance
ce que j'ai vu jusqu'ici. Belle situation d'où la vue
plonge sur les nouveaux quartiers de l'Est. Grand
vestibule, escalier digne d'un palais, salon d'at-
tente luxueux. Les pavillons de vingt lits, se déta-
chent d'un arc de cercle allongé, séparés par des
jardins: chacun d'eux a sa cuisine, ses baignoires,
lavabos et le reste. Les lits et les tables de nuit d'un
aspect confortable reposent sur un pavé de marbre
très propre. Pour 2 à 300 malades. Médecins au
concours, sœurs françaises dont la vue est toujours
agréable. Partout des marbres ; les deux grandes
galeries superposées en sont pavées et ornées. L'hôpital a coûté sept millions et jouit d'un million de
rente, c'est une des fondations Galliera.

Rome et Naples n'ont pas de grand hôpital nouveau. La polyclinique nouvellement bâtie à la porte
de Rome et ouverte pour le Congrès est immense et
le nombre des pavillons hors de proportion avec les
besoins actuels. L'université ne compte pas assez
d'élèves, 5 à 600 étudiants en médecine. Il y en a
davantage à Naples. Les laboratoires de chimie bio-
logique y sont installés à l'instar de l'Allemagne
qui, du reste, en a fourni presque tout le matériel.
Les autres universités se pourvoient également du
matériel scientifique chez les constructeurs allemands.

Hospices marins. — N'oublions pas les hospices marins pour les enfants scrofuleux : c'est une
des créations les plus intéressantes de nos voisins et, en cela, ils sont bien en avance sur nous;

ils en ont 25-30 contre 5-6. J'ai eu l'occasion, dans d'autres circonstances, de parler de Berck-sur-Mer notre plus importante maison de ce genre; de Penbron, d'Arcachon, de Banyuls, de Cette, de Cannes. Je vais suivre la côte italienne en désignant les principaux. La côte est très longue sur les deux mers et les plages nombreuses se prêtaient bien, par leur exposition et par l'absence de marées, à ce genre de médication, la meilleure pour les enfants anémiques et scrofuleux.

Aux environs de Gênes les maisons de *Voltri* et de *Sestri levante. Viareggio*, belle plage de sable fin, bain de mer actuellement en vogue vit s'élever le premier hospice (1856), sous le patronage du Dr Barellaï Bâtiment important pour 300 enfants. En 1875 j'ai pu m'assurer qu'il était bien tenu. — Deux autres maisons grandes et bien installées à Livourne et à *Bocca dell'Arno* pour Pise. Cette dernière date de 1876 et rappelle Berk par ses dunes de sable mouvant.

Du côté de l'Adriatique, le *Lido* de Venise possède un très beau bain de mer : salons immenses et restaurants ; 500 cabines ; sable fin. Le grand hospice de 1868 donne asile à 300 enfants comme Viareggio. L'installation m'a paru complète. — *Rimini*, 1870, est aussi de premier ordre ; ensuite Fano, Ancône. J'ai passé sous silence *Porto d'Anzio, Cagliari*, Palerme qui ont aussi leurs hospices.

Les bains de mer du Midi, soit en Provence, soit en Italie, présentent l'avantage d'aller à l'eau même en hiver, les enfants s'y accoutument.

Villes d'hiver. — Ceci me conduit à dire un mot des villes d'hiver de la corniche italienne incomplètement connues de nous. Bordighiera la ville aux palmiers jouit d'une ancienne renommée. — *Ospedaleti* date de 1883, l'hôtel de la Reine et le Casino sont deux belles constructions qui se voient du chemin de fer. — *Alassio* est également nouveau : plage parfaite ; abri complet, grand hôtel bon et modéré. — *San-Remo* est en progrès ; hôtels de l'Ouest élégantes villas sur les coteaux boisés, climat doux. Aux environs de Gênes après *Pegli* et *Quinto, Nervi* où les jardins de l'hôtel *Eden* et du grand hôtel s'étendent sur le bord de la mer ; j'ai trouvé, ces temps derniers, les hôtels au complet. Abri du mont *Giogo*, mais exposition aux vents d'est. Un peu plus loin *Rapallo, Santa Margherita* admirablement abrité par une immense forêt, mais mal tenu. — La *Spezia* ville d'hiver de premier ordre.

VOYAGE ACTUEL

Le voyage actuel est devenu facile : plus de passeport, douanes d'entrée peu sévères ; celle de Vintimiglia a l'inconvénient de tenir les voyageurs parqués trop longtemps ; visites sommaires à l'arrivée dans les villes. L'affluence actuelle des voyageurs ne permet plus d'examen rigoureux.

Les traites sur l'Italie ne sont plus soumises qu'à de faibles commissions. Le change ou la prime de l'or variable (dernièrement 5 0/0 ; en 1873, 13 0/0), selon la plus ou moins grande gêne ; mais il est toujours favorable au voyageur qui reçoit une somme supérieure en livres italiennes. En ce moment il circule un peu de monnaie divisionnaire en même temps que les petits billets de 1, 2 et 5 L. roulés sur eux-mêmes et salis dans les poches diverses. Les sous sont très encombrants en attendant la multiplication de la monnaie de nickel. Grand empressement à accepter nos monnaies divisionnaires. Les billets d'état passent partout ; il n'en est pas ainsi des billets de banques provinciales.

Les voies ferrées se sont multipliées comme ailleurs ; plus nombreuses dans le Nord, pays riche, pays de plaines et communiquant avec la France, la Suisse, l'Autriche. Deux longues lignes se profilent sur les rives des deux mers et sont reliées par d'autres transversales : Gênes à Turin, Florence à Bologne, Rome à Ancône, Naples à Foggia. La ligne de la Corniche, qui compte une centaine de tunnels, et les lignes transapennines, furent d'une exécution coûteuse. Celles des Calabres, de Sardaigne et de Sicile sont peu productives. Il ne faut pas oublier que la péninsule s'étend du 46° de latitude presque au 36°.

Trains un peu moins rapides que les nôtres : par exemple, ceux appelés *direttissimi* parcourent 50 à 60 kilomètres; les nôtres, 60 à 70. Les meilleurs sont ceux de Turin ou de Milan à Rome et à Naples. Les wagons de première, en général à sept places, laissent peu à désirer; les conducteurs affables. Point de franchise de bagages, et les trains directs sont majorés de 10 0/0. Billets circulaires nombreux et économiques.

Les voiturins ont vu leur industrie s'amoindrir; ils font encore les traversées des Alpes, Simplon, Splügen, Bernina, Stelvio ; la route de la Corniche, rarement celles des Apennins. Les landaus se prennent encore pour les environs des villes, bien qu'ils aient la concurrence des chemins de fer de banlieue et des tramways. Il en est de bien attelés, même à Naples, et d'un prix moins élevé qu'en Suisse.

La bicyclette, pratiquée avec une fureur moindre qu'en France, a relégué le cheval au second plan ; les mauvais chemins sont le refuge des ânes et des mulets. Un mot des voitures de place : propres et d'un prix modéré dans la plupart des villes ; moins soignées dans les Deux-Siciles, ce qui s'explique en partie par les bas prix ; car, à Naples. une course peut être de 3 à 4 kilomètres pour 0,70 ; à Palerme, 0,50.

Hôtels. Restaurants. — Un mot des hôtels et cafés-restaurants. Je signalerai, suivant mon expérience personnelle : à Turin, l'hôtel de l'Europe, le restaurant de Paris, le café Ligure, si gai par sa situation. A Milan, les hôtels mentionnés plus haut et les restaurants de la galerie. A Venise, l'Europe, *Britannia*, Grand Hôtel ; les anciens Danieli, Beaurivage ; l'ancien restaurant Quadri. A Gênes, les hôtels *Isotta*, de Gênes ; le grand café de la Galerie Mazzini. A Bologne, l'hôtel Brun, renommé pour sa cuisine, et l'hôtel d'Italie, plus nouveau. A Florence, l'*Arno*, la Grande-Bretagne, les hôtels nouveaux vers les Cascines. Rome est aujourd'hui à la hauteur des grandes capitales : outre les hôtels du Centre (de Rome, Marini, Milan), outre le Quirinal, plus ancien et plus aristocratique par sa clientèle, elle a vu s'élever récemment, auprès de la gare, deux magnifiques constructions, Continental et Grand Hôtel, qui ne laissent rien à désirer. Cafés de Rome, *Nazionale*, *Colonna*, *Venezia*, etc. Naples, autrefois si dépourvu, a son Grand Hôtel de la villa Reale; ceux des hauteurs Bristol, West End; ceux de la Chiaja et du quai Partenope, cafés *Cambrinus*, sur la place, et *Scaracci*, dans la Galerie.

Les grands hôtels sont tenus en général par des Suisses ou des Allemands qui y viennent faire la saison d'hiver. En été, se retrouve ce même personnel dans les villes de Suisse. Ceci fait tomber les critiques sur les hôtels et sur la cuisine italienne; ces hôtels et leur cuisine ont un caractère cosmopolite. Le prix moyen dans une maison de premier ordre est de 12 à 15 francs; il varie suivant la saison; les vins sont médiocres et chers comme partout. La vie est bon marché dans les cafés-restaurants. Les appartements meublés sont mieux clos, pourvus de tapis et améliorés en tout point.

. Le transport des bagages est tariffé, ce qui évite les contestations. Les portiers des grands hôtels les retirent et les enregistrent, ils se chargent aussi de commander des voitures pour promenades plus propres et mieux attelées.

Sur les lacs, des Correspondances bien établies entre les chemins de fer, les bateaux à vapeur et les tramways permettent des excursions rapides.

CONGRÈS

Le congrès de Rome fut une imposante manifestation dont nos journaux ont critiqué l'ordonnance sans se rendre compte de la difficulté de loger, de nourrir, d'amuser et de piloter huit mille étrangers, à une époque d'encombrement habituel.

Le 28 mars, inauguration de l'exposition à l'*Eldorado* sous les auspices du premier ministre Crispi. — Le lendemain, inauguration au théâtre *Costanzi* : le roi et la reine en grand costume de cour. Crispi fit un bon discours et Bacelli parla en latin. Les jours suivants, réception au Quirinal ; réception au Capitole, les galeries éclairées et les statues vivifiées par la lumière électrique ; réunion au Palatin d'où se voyaient les vieux monuments illuminés ; feux de Bengale, projections, c'était un coup d'œil féerique. Tout finit par un lunch monstre aux Thermes de Caracalla.

Je passe sous silence divers banquets dont l'un en honneur de notre représentant Billot, un peu froid pour la circonstance. Je laisse aussi de côté nos travaux à la Polyclinique où nous trouvions restaurant, poste, télégraphe pour nos usages personnels. Entrée partout avec la carte de congressiste.

Suivirent les réceptions de Naples dont il a été à peine parlé chez nous, moins somptueuses, mais encore plus cordiales. Je ne saurais oublier l'excursion d'Ischia dont les ruines fument encore depuis le désastre de 1883 ; les repas homériques de *Casamicciola*, de *Castellamare*, d'où l'œil plongeait sur le golfe aux feux du soleil couchant ; le lunch au lac *Fusaro* offert par la municipalité, huîtres et vin de Falerne (présidence honoraire d'Horace) ; le déjeuner final de *Telese* donné par le propriétaire Minieri qui nous avait transportés par un train spécial. Du reste, le bateau d'Ischia avait été commandé pour nous et partout nous avions voitures et landaus à notre disposition. Les Napolitains sont hospitaliers et ils ont le cœur généreux comme les Espagnols.

Durant ces fêtes favorisées par un beau ciel, le concours de la population fut cordial et empressé; plus d'une fois j'entendis crier: *Viva la Francia !* ce qui résonne agréablement aux oreilles.